CAMPING ACTIVITY

AND
PUZZLE BOOK
FOR KIDS

CONTAINS HOURS OF FUN CAMPING AND OUTDOOR THEMED PUZZLES AND ACTIVITIES:

Word Searches

Mazes

Would You Rather?

Scavenger Hunts

Mad Map Skills

Unscrambles

Hidden Pictures

Animal Tracks

Hiking Log

Sketch Pages

Hangman, Tic Tac Toe, Rock Paper Scissors, Dots

Please let me know your thoughts by leaving a review on Amazon.com.
Reviews are a big help to me as a small publisher and they help other customers as well!

If you are interested in receiving new release books for FREE, sign up at riverbreezepress.com

CAMPING ACTIVITY & PUZZLE BOOK

SCAVENGER HUNT-CAMP
Find the items below

- WILDFLOWER
- WORM
- SPIDERWEB
- MOSS
- FALLEN TREE
- TRACKS
- SQUIRREL
- PINECONE
- THORNS
- PINE TREE

Gone Fishing

```
L T J N J W A D E R S Y E M
Q K E K N L W M B H D C L R
P B V L F T M L M H N N E N
L A D H L Y R G T E N L J T
B S R T L I K O I V E T R N
L S R Y B X F T U A H Z H C
K L D J T D A H S T J R T M
J O F P A P D E T N N K N M
R R K T C W L N X N N Z I X
Y L F I K T C M J F B N K F
L N L A F F A T K N E L R
W K K B E H G L T O X L K D
Q B R E B B O B W C K B W X
P X P R L Q H S M K H B Z K
C K B M K V P T F K R I D N
H O O K L C M W N T Q N G Z
```

BAIT
BASS
BOBBER
CATCH
FILLET

HOOK
MINNOWS
NIBBLE
PATIENCE
RELEASE

ROD
TACKLE
TROUT
WADERS

Animal track matching
-match each animal with their tracks

Mad Map Skils 1
Follow the directions and see if you end up in the right place!

1. Cross the bridge and stand on the X
2. Walk 5 steps northeast.
3. Walk 4 steps northwest.
4. Walk 4 steps northeast.
5. Walk 9 steps south.
6. Walk 5 steps northeast.
7. Walk 4 steps south.
8. Walk 1 step west.
9. Walk 3 steps south.
10. Walk 4 steps east.

Where are you?

_____

Forest Animals

```
R E V A E B M T B R R M K K H
P C N C V E N I P U C R O P V
M G L O G Q X F B O B C A T N
J M N Y X C R N W T F F N H L
R P Z O T Z F X J N L O G J B
G L T T B L O F K Z O M D M E
H I P E W F S P S C W L H T A
Z A D B D N M Q C K H B C B R
G T D E L C M A U E U H T K B
N N R R F M R U D I I N M T T
W O X L J L P G S P R N K G T
N T L N L Y E F M S L R Y D G
T T Y P L H M U X N O L E H T
T O M M O Z N V L V K P Y L V
H C L G T K M Z D E E R O K Y
```

BEAR	COYOTE	RACCOON
BEAVER	DEER	RED FOX
BOBCAT	HEDGEHOG	SKUNK
CHIPMUNK	OPOSSUM	SQUIRREL
COTTONTAIL	PORCUPINE	WOLF

Camp Maze

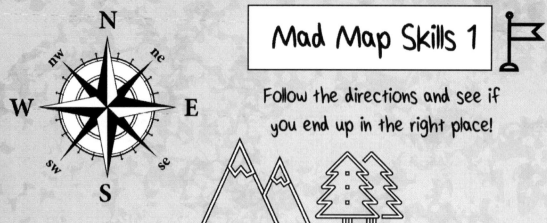

Mad Map Skills 1

Follow the directions and see if
you end up in the right place!

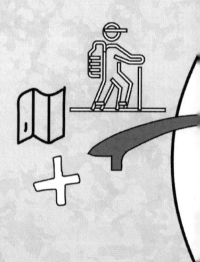

1. Cross the bridge and stand on the X
2. Walk 5 steps northeast.
3. Walk 4 steps northwest.
4. Walk 4 steps northeast.
5. Walk 9 steps south.
6. Walk 5 steps northeast.
7. Walk 4 steps south
8. Walk 1 step west.
9. Walk 3 steps south.
10. Walk 4 steps east.

Where are you?

_____

SCAVENGER HUNT-CAMP

Find the items below

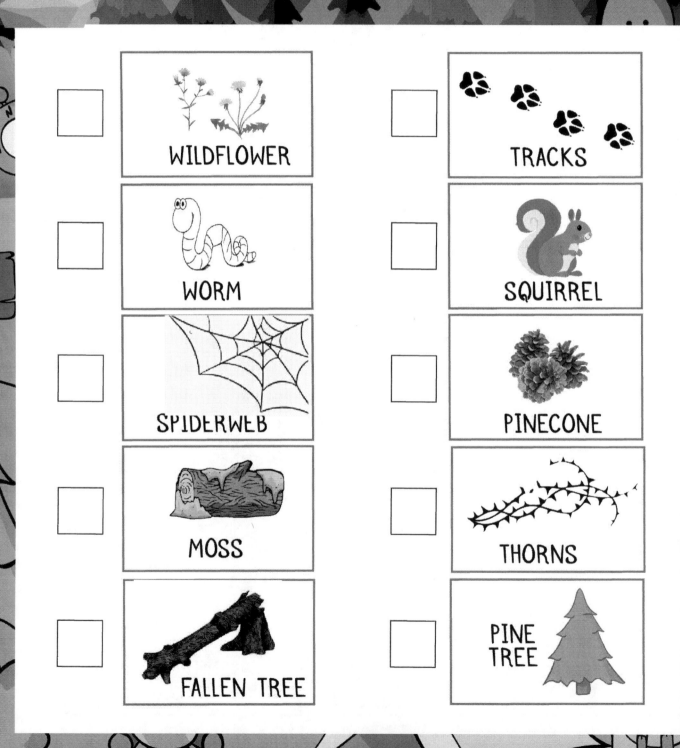

WILDFLOWER

TRACKS

WORM

SQUIRREL

SPIDERWEB

PINECONE

MOSS

THORNS

FALLEN TREE

PINE TREE

Draw the tracks that you found (human and insect tracks count!). What do you think made them?

FIND TWO
IDENTICAL
PICTURES

FIND AND COLOR 10 INSECTS

Insect Unscramble

Unscramble these common woodland insects.

FEYTRULBT _ _ _ _ _ _ _ _ _

LEETEB _ _ _ _ _ _

PRDISE _ _ _ _ _ _

LUSG _ _ _ _

OSOUMQTI _ _ _ _ _ _ _ _

GIEAWR _ _ _ _ _ _

ICTECRK _ _ _ _ _ _ _

OUHYELFS _ _ _ _ _ _ _ _

RPEGPHAROSS _ _ _ _ _ _ _ _ _ _ _

FRNGLOYAD _ _ _ _ _ _ _ _ _

Bear Jokes - Fallen Quote Puzzle

The letters to theses jokes have fallen down. Place each letter into one of the boxes above them to solve the puzzle.

Birds of the Forest

```
W  N  R  B  U  L  L  F  I  N  C  H  R
V  N  M  H  C  N  I  F  D  L  O  G  E
Q  U  N  Q  M  D  B  G  W  G  G  N  K
H  T  L  L  Y  L  Y  O  Q  H  G  H  C
R  C  Y  T  U  K  R  R  S  N  Y  A  A
E  K  N  E  U  R  N  U  Q  I  C  W  R
G  A  J  I  A  R  R  N  N  B  R  K  C
R  A  G  P  F  H  E  W  F  O  O  V  T
Y  Y  S  L  T  D  M  L  F  R  W  B  U
V  M  Y  N  E  G  M  D  Z  G  K  V  N
R  T  B  L  U  E  B  I  R  D  M  R  N
B  Z  T  G  E  E  D  A  K  C  I  H  C
J  Y  R  R  E  K  C  E  P  D  O  O  W
```

BLUEBIRD	EAGLE	ROBIN
BLUEJAY	FINCH	SPARROW
BULLFINCH	GOLDFINCH	THRUSH
CHICKADEE	HAWK	VULTURE
CROW	NUTCRACKER	WOODPECKER

Hawk Maze

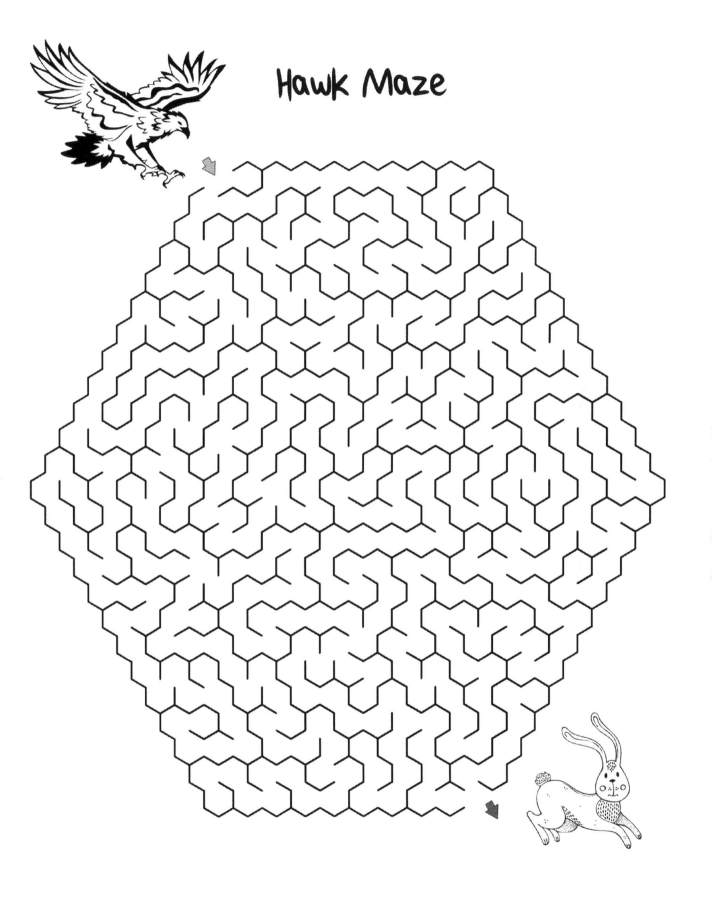

SEARCH AND FIND

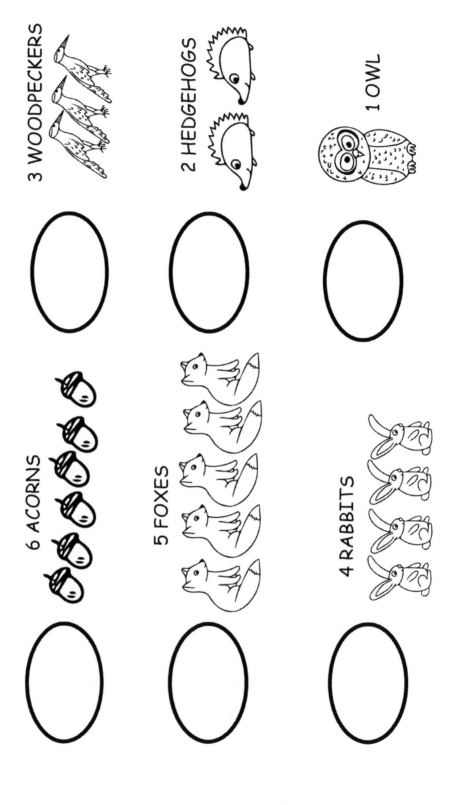

6 ACORNS

3 WOODPECKERS

5 FOXES

2 HEDGEHOGS

4 RABBITS

1 OWL

Cooking Gear

R E D L O H T O P M L P X E W C
W M J W T Q M N A L E N R V W C
X T F I R E S T A R T E R O N B
S T X C L C C A C Y X F D T W P
T Z M T D H Y O L K N K L S R N
I G M E E H L T F U B L F P T J
C Z P S S A T R W G T Q K M K Y
K P N R T S E C H K R A Y A T G
H T V O M N K G W T R I P C T P
R Z R C A J U I W P Y X L S D R
G H H P P M M R T Z J J J L R H
R J O Z O Z L E S P O R K C G Q
F R T C T R M L N K T Q N X D C
P M Y M S R K O B V Z G K N Z Z
K L M Z D R A O B G N I T T U C
T L D W F R W C X L Z Y B K L L

CAMP STOVE   MATCHES   POTS

COOLER   MESS KIT   PROPANE

CUTTING BOARD   MUG   SPATULA

FIRESTARTER   PERCOLATOR   SPORK

GRILL   POT HOLDER   STICK

Fire Maze

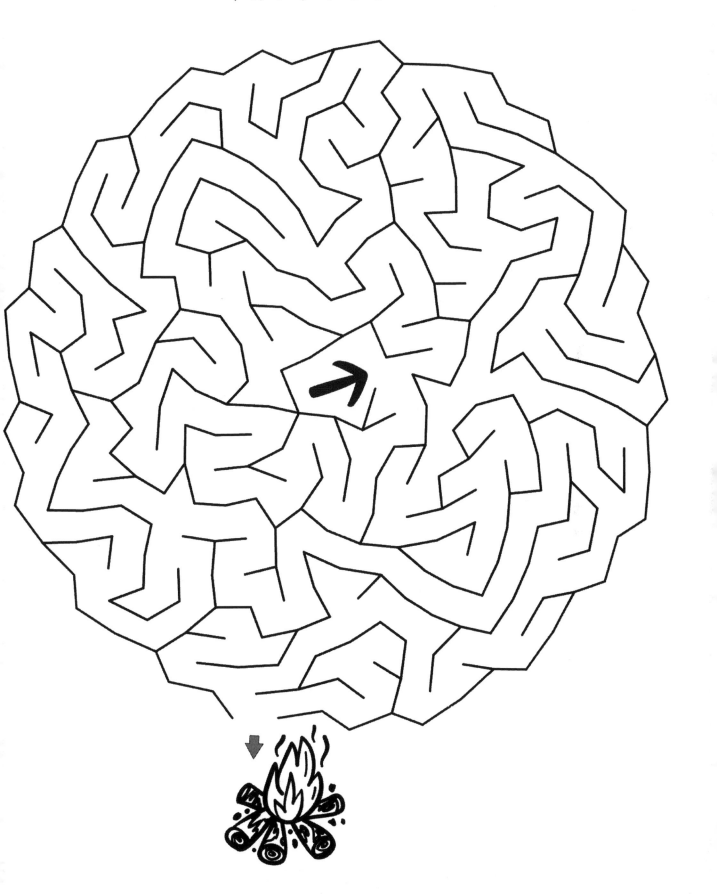

SCAVENGER HUNT-INSECTS

Find 8 different INSECTS

ANT

MOTH

FLY

YOUR PICK

SPIDER

BEE

MOSQUITO

BEETLE

Sketch an insect that you found here. What was is doing?

Stuff in Tents Unscramble

Unscramble these items that you would find in a tent.

LPNGESEI GBA   _ _ _ _ _ _ _ _ _ _

IHTALHFGLS   _ _ _ _ _ _ _ _ _

LOLWIP   _ _ _ _ _ _

ITOLET EPPAR   _ _ _ _ _ _ _ _ _ _

NSKCAS   _ _ _ _ _ _

AIPLGYN SACDR   _ _ _ _ _ _ _ _ _ _

CABKCPAK   _ _ _ _ _ _ _ _

HOUSRTBHOT   _ _ _ _ _ _ _ _ _

CSSKO   _ _ _ _ _

RNTNLEA   _ _ _ _ _ _ _

BUG Jokes - Fallen Quote Puzzle

The letters to theses jokes have fallen down. Place each letter into one of the boxes above them to solve the puzzle.

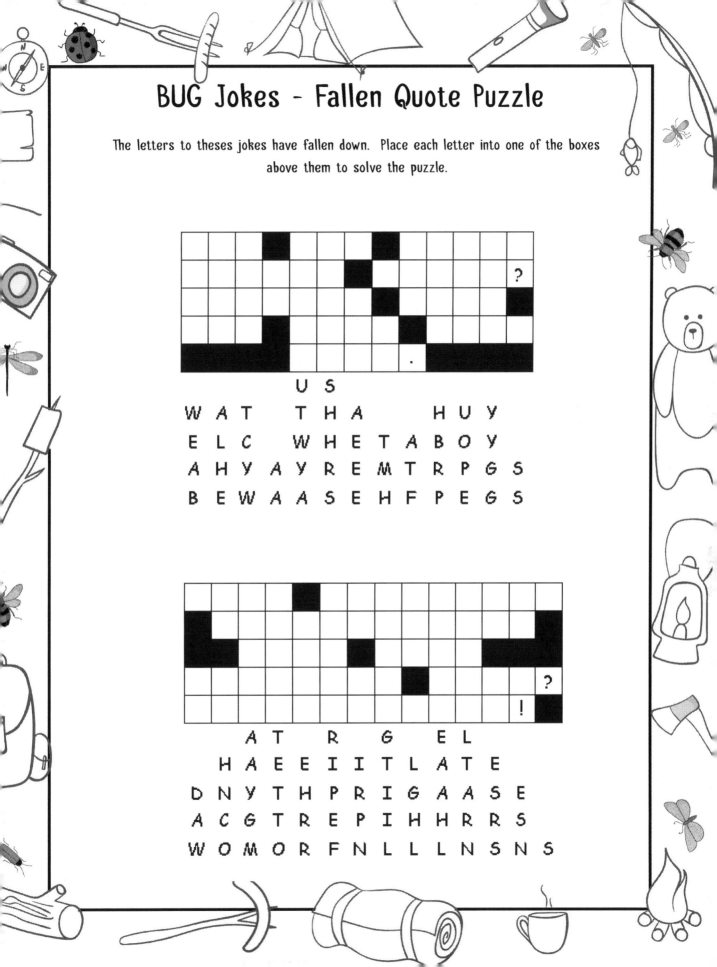

```
                      ?


                                                .
              U S
W A T      T H A        H U Y
E L C    W H E T A B O Y
A H Y A Y R E M T R P G S
B E W A A S E H F P E G S
```

```
                                                ?
                                                !
      A T   R   G   E L
    H A E E I I T L A T E
    D N Y T H P R I G A A S E
    A C G T R E P I H H R R S
    W O M O R F N L L L N S N S
```

Gone Fishing

```
L T J N J W A D E R S Y E M
Q K E K N L W M B H D C L R
P B V L F T M L M H N N E N
L A D H L Y R G T E N L J T
B S R T L I K O I V E T R N
L S R Y B X F T U A H Z H C
K L D J T D A H S T J R T M
J O F P A P D E T N N K N M
R R K T C W L N X N N Z I X
Y L F I K T C M J F B N K F
L N L A L F F A T K N E L R
W K K B E H G L T O X L K D
Q B R E B B O B W C K B W X
P X P R L Q H S M K H B Z K
C K B M K V P T F K R I D N
H O O K L C M W N T Q N G Z
```

BAIT	HOOK	ROD
BASS	MINNOWS	TACKLE
BOBBER	NIBBLE	TROUT
CATCH	PATIENCE	WADERS
FILLET	RELEASE	

Raccoon Maze

FIND 6 DIFFERENCES

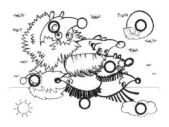

FIND 6 DIFFERENCES

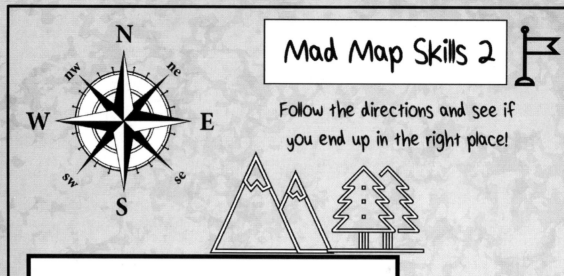

Mad Map Skills 2

Follow the directions and see if you end up in the right place!

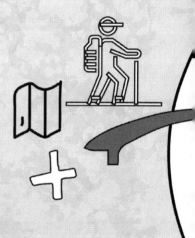

1. Cross the bridge and stand on the X
2. Walk 9 steps northeast.
3. Walk 7 steps south.
4. Walk 1 step west.
5. Walk 3 steps south.
6. Walk 4 steps east.
7. Walk 3 steps south
8. Walk 8 steps northwest.
9. Walk 7 steps south.
10. Walk 4 steps northwest.

Where are you?

_____

Knots

```
K L Z B Z T R T P Y X N L M X D
T P A M T E M X K C I L L I K N
D X Z R B H A L F H I T C H P E
K R T M K H C T I H E V O L C B
H Y I N J S T M T Z F P T C R T
D T N R K T H T D W M R M G L E
K L Y N K M E E I X Z N Q S F E
Z S Q U A R E N A L K G T X I H
L F T K Q R C L I D L E F K G S
A I P N L D G T C L V E R S U B
R S X B N N V X Y E W U R K R Y
I H H B Y A Y D D T N O P S E Y
A E M M L H B O K N L N B D E W
T R P D L R R G I I Z Z M M I C
L M K M X E B N A H N N M Z G Y
O A N P S V G S D P Q R M L H F
O N R M D O V C K P R K F M T K
P S X K C L Y H G G L T F N N K
```

BOWLINE	KILLICK	SHEET BEND
CLOVE HITCH	LARIAT LOOP	SQUARE
FIGURE EIGHT	LARKS HEAD	STEVEDORES
FISHERMANS	OVERHAND	TILLERS
GRANNY	RUNNING	TIMBER
HALF HITCH	SAILORS	

Hedgehog Maze

Types of Camping Unscramble

Unscramble these different types of camping (like overlanding, ultralight, survivalist)

MPNGLAIG   _ _ _ _ _ _ _ _

CLCEYIB   _ _ _ _ _ _ _

TAIVSUISRVL   _ _ _ _ _ _ _ _ _ _

NTREIW   _ _ _ _ _ _

NGDRNEOALIV   _ _ _ _ _ _ _ _ _ _ _

NOECA   _ _ _ _ _

TGTLALRHIU   _ _ _ _ _ _ _ _ _ _

EADETNVRU   _ _ _ _ _ _ _ _ _

KBPGCACKNAI   _ _ _ _ _ _ _ _ _ _ _

ETNT   _ _ _ _

WOULD YOU RATHER ??

Would you rather lick a slug OR eat a wasp?

Would you rather hibernate with a bear OR live in a beaver dam?

Would you rather sing like a bird OR roar like a cougar?

Would you rather be awesome at archery OR awesome with a slingshot?

Would you rather be immune to mosquito bites OR immune to bee stings?

SEARCH AND FIND

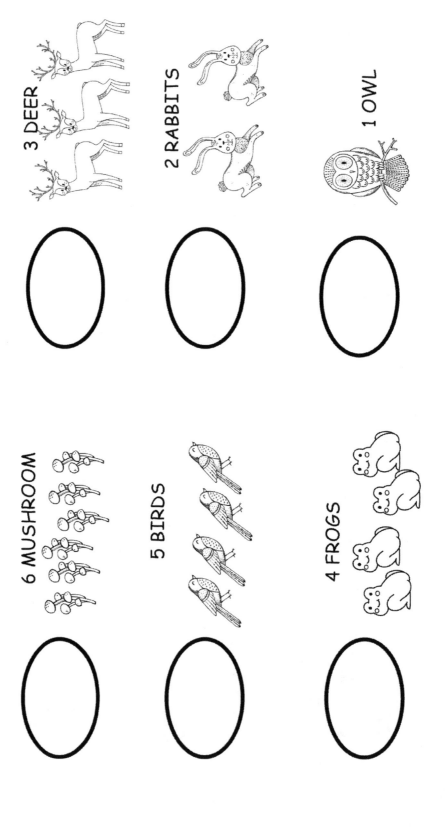

3 DEER

2 RABBITS

1 OWL

6 MUSHROOM

5 BIRDS

4 FROGS

Tent Terms

K M T K N H C T I P T S A F Q M
G B N N T E L U B I T S E V X H
D G C L I P D C Q Z N X V M Y N
K O G Q M R T R Z C K R D L O G
F Q O X L T P J A K R U D I W B
T V G R F L Y T H I A B T J A Y
G T L N T V Y D O L N A R Q T K
Y Z X V K T B S A O S F P G E X
F K B R R M E P S N F X L Q R K
Y D N G Q A E M E T K K T Y P T
K O C P M X R D L P L R P T R T
X M T T N L N Q O L M E R L O V
R E A H T O W M P Y K P M T O P
Z P R V C R C Y X A C R B K F R
E L Z C R V T V T W L L N L J A
P K C L I P S S M N D L N N L T

CLIPS   FAST PITCH   SEAM TAPE

CONDENSATION   FLY   STAKE

DOME   FOOTPRINT   TARP

DOOR   POLES   VESTIBULE

DUAL APEX   RAIN FLY   WATERPROOF

Bee Maze

Follow the directions and see if you end up in the right place!

1. Cross the bridge and stand on the X
2. Walk 3 steps south.
3. Walk 4 steps east.
4. Walk 3 steps south.
5. Walk 4 steps northwest.
6. Paddle north to the dock..
7. Walk 6 steps south
8. Walk 9 steps northeast.
9. Walk 10 steps south.
10. Walk 5 steps northwest.
11. Walk 4 steps west.

Where are you?

_____

SCAVENGER HUNT CHALLENGE

- [ ] FEATHER
- [ ] FERN
- [ ] LITTER
- [ ] BIKE
- [ ] ROPE
- [ ] MUD
- [ ] ACORN
- [ ] MUSHROOM
- [ ] TRAIL SIGN
- [ ] STARS

- [ ] GRILL
- [ ] LANTERN
- [ ] BUG SPRAY
- [ ] PARK RANGER
- [ ] VINE
- [ ] SAND
- [ ] HOLE IN TREE
- [ ] BERRIES
- [ ] FIREWOOD
- [ ] SUNSCREEN

DRAW something interesting that you found on the scavenger hunt

Camp Pack List Unscramble

Unscramble these items that you need on an camping trip.

TSOOB

_ _ _ _ _

ILHTGSFHAL

_ _ _ _ _ _ _ _ _ _

KCBKAPCA

_ _ _ _ _ _ _ _

EFTERTRSRAI

_ _ _ _ _ _ _ _ _ _ _

NETT

_ _ _ _

IHSIFNG OELP

_ _ _ _ _ _ _ _ _ _ _

GBU TRLEAEPLN

_ _ _ _ _ _ _ _ _ _ _

NESUERSNC

_ _ _ _ _ _ _ _ _

STMHACE

_ _ _ _ _ _ _

LSNPGIEE GBA

_ _ _ _ _ _ _ _ _ _ _

ROLMLAHWSSMA

_ _ _ _ _ _ _ _ _ _ _

WOULD YOU RATHER ??

Would you rather climb like a bear OR be as quiet as a fox?

Would you rather be a hedgehog OR a raccoon?

Would you rather eat 10 spiders OR have 10 spiders in your hair?

Would you rather be up all night like an owl OR up early like a robin?

Would you rather have a tent that sets itself up OR a tent that folds itself away?

Trees

```
K W O L L I W E H R Y D Z K H R
F Q W W K M Z N H N R R D N X K
R R H E L J R I N M X R K K K H
Z V T V L I F P Z Z L K T A J N
J T D E F B Y L M Z N D O L T L
K U O R C M Z K M W O C K T T T
J N O G L L W F F G F Z T N X C
X T W R T M V H W R J G R M L N
J S N E N R L O C M T E M W B P
R E O E B W O N H W A L L M T B
K H T N M D L Y R C Q P F M E Y
B C T L L K X R M L R C L E N Z
V M O D T P R R H S A I C E G R
N L C Q W A L N U T K H B C R G
Y K P Y C L L L V J D J H N X L
N Y W R F M Z N H I C K O R Y X
```

ASH	ELM	PALM
BEECH	EVERGREEN	PINE
BIRCH	FIR	WALNUT
CHESTNUT	HICKORY	WILLOW
COTTONWOOD	MAPLE	
DOGWOOD	OAK	

Fox Maze

SCAVENGER HUNT-LEAVES

Find 8 different shaped LEAVES Draw them below

DON'T TOUCH THE LEAVES - THEY COULD BE POISONOUS!

Trace 2 leaves (have an adult make sure they're safe)
Turn them into animals/monsters/vehicles or something else

Mad Map Skills 4

Follow the directions and see if you end up in the right place!

1. Cross the bridge and stand on the X
2. Walk 5 steps northeast.
3. Walk 5 steps south.
4. Walk 5 steps northeast.
5. Walk 1 steps south.
6. Walk 4 steps east.
7. Walk 3 steps south
8. Walk 4 step west.
9. Walk 3 steps south.
10. Walk 4 steps northwest.
11. Walk 7 steps south.

Where are you?

_____

Watch Out For

```
K A O N O S I O P F G C D S
T R X S F F L O O D I N G P
F L J O D G M B M L B N H I
V Q N T L X N M T X K L N D
N M V I S X S U N B U R N E
O F J U M G T B F R T C B R
I Q P Q R T K N H V M S T S
T L J S O H T S P G P L B M
A Z K O T N W O N S X G V C
R B T M S S I I A A R Z R V
D M H W Q S N W L M K J R H
Y N L H O T W R Y D J E Y K
H W R N H Z L N O X L R S Y
E X I G F X R F F H T I K L
D V I J Y M V Y N Q T W F T
Y L H K M R G V P L T W R E
```

DEHYDRATION   POISON OAK   THORNS

FLOODING   SNAKES   WASPS

LIGHTNING   SPIDERS   WILDLIFE

MOSQUITOS   STORMS

POISON IVY   SUNBURN

Squirrel Maze

Animal track matching
-match each animal with their tracks

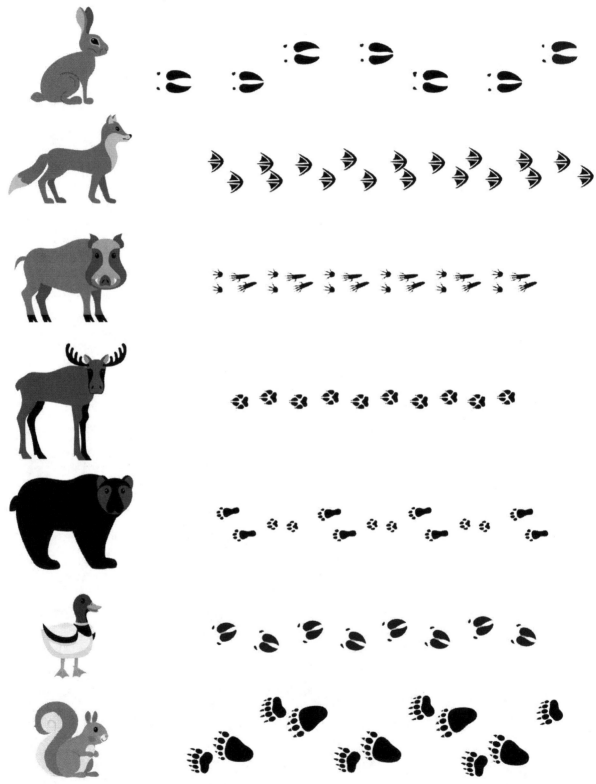

What happened?
Write about what might have happend here.
(just for fun - there are no right answers)

What happened?

Write about what might have happend here.
(just for fun - there are no right answers)

What happened?

Draw animal tracks on this scene to tell a story. Write about it or see what other people think is happening..

HIKING Unscramble

Unscramble these common hiking terms.

GKIHNI EPSOL _ _ _ _ _ _ _ _ _ _ _

NTLEOVEAI _ _ _ _ _ _ _ _ _

TWARE OETLTB _ _ _ _ _ _ _ _ _ _ _

LTRAI _ _ _ _ _

BICGMINL _ _ _ _ _ _ _ _

NRUACCYOBTK _ _ _ _ _ _ _ _ _ _ _

ALEBZ _ _ _ _ _

SAKRREM _ _ _ _ _ _ _

SWACBUHK _ _ _ _ _ _ _ _

HLRTESE _ _ _ _ _ _ _

CAMP FOOD Unscramble

Unscramble these foods often eaten while camping.

THO GSDO
_ _ _ _ _ _ _ _

ESMROS
_ _ _ _ _ _

FYFIJ OPP
_ _ _ _ _ _ _ _ _

ILIHC
_ _ _ _ _

MPDU ACKE
_ _ _ _ _ _ _ _ _

AKEASPCN
_ _ _ _ _ _ _ _

ILOF SPAKC
_ _ _ _ _ _ _ _ _ _

TCUHD EVON
_ _ _ _ _ _ _ _ _

EFBE TESW
_ _ _ _ _ _ _ _ _

THO OHLEOCACT
_ _ _ _ _ _ _ _ _ _ _ _

SCAVENGER HUNT-ROCKS

Find 8 different shaped or colored rocks
Draw or trace them

Draw or trace 3 rocks here

N

Mad Map Skills

Make your own directions.
Challenge someone else to follow them!

W E

S

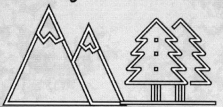

1. Cross the bridge and stand on the X
2. Walk ___ steps _____
3. Walk ___ steps _____
4. Walk ___ steps _____
5. Walk ___ steps _____
6. Walk ___ steps _____
7. Walk ___ steps _____
8. Walk ___ steps _____
9. Walk ___ steps _____
10. Walk ___ steps _____

Where are you?

_____

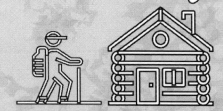

WOULD YOU RATHER ??

Would you rather live in a teepee OR a tree house?

Would you rather live in a burrow with a rabbit OR in a tree with a woodpecker?

Would you rather fight forest fires OR search for missing hikers?

Would you rather go to the same campground every weekend OR a different one?

Would you rather be able to talk to a hawk OR talk to a squirrel?

WOULD YOU RATHER ??

Would you rather have a leaky tent OR no sleeping bag?

Would you rather always know which way is north OR always have a current map in your pocket?

Would you rather be able to start a fire in seconds OR put one out in seconds?

Would you rather sleep with a porcupine OR take a walk with a skunk?

Would you rather make perfect pancakes OR perfect roasted marshmallows?

WOULD YOU RATHER ??

Would you rather eat a marshmallow that is burnt OR a marshmallow that fell in the dirt?

Would you rather have extra marshmallows OR extra bacon?

Would you rather climb a steep hill OR wade across a deep river?

Would you rather know the names of all the trees in the forest OR all the birds in the forest?

Would you rather climb a tree OR swing off a rope over a lake?

WOULD YOU RATHER ??

Would you rather rappel down a cliff OR bungee jump off a bridge?

Would you rather be a wasp OR a spider?

Would you rather catch a fish with your hands OR an eel with a net?

Would you rather eat grass all day OR hunt for meat every three days?

Would you rather climb like a squirrel OR swim like an otter?

WOULD YOU RATHER ??

Would you rather be able to tie perfect knots OR build a perfect shelter?

Would you rather never get lost OR always find new things?

Would you rather climb the near-est mountain OR raft down the nearest river?

Would you rather canoe for 30 miles OR tube float for 10 miles?

Would you rather live on wild mushrooms OR cooked insects?

WOULD YOU RATHER ??

Would you rather jump in a cold lake OR swim all the way across a warm lake?

Would you rather be a champion axe thrower OR champion tree climber?

Would you rather tell the scariest ghost story OR the funniest joke?

Would you rather have 20 good friends OR 2 best friends?

Would you rather take 2 hours to catch 1 big fish OR 2 minutes to catch 1 small fish?

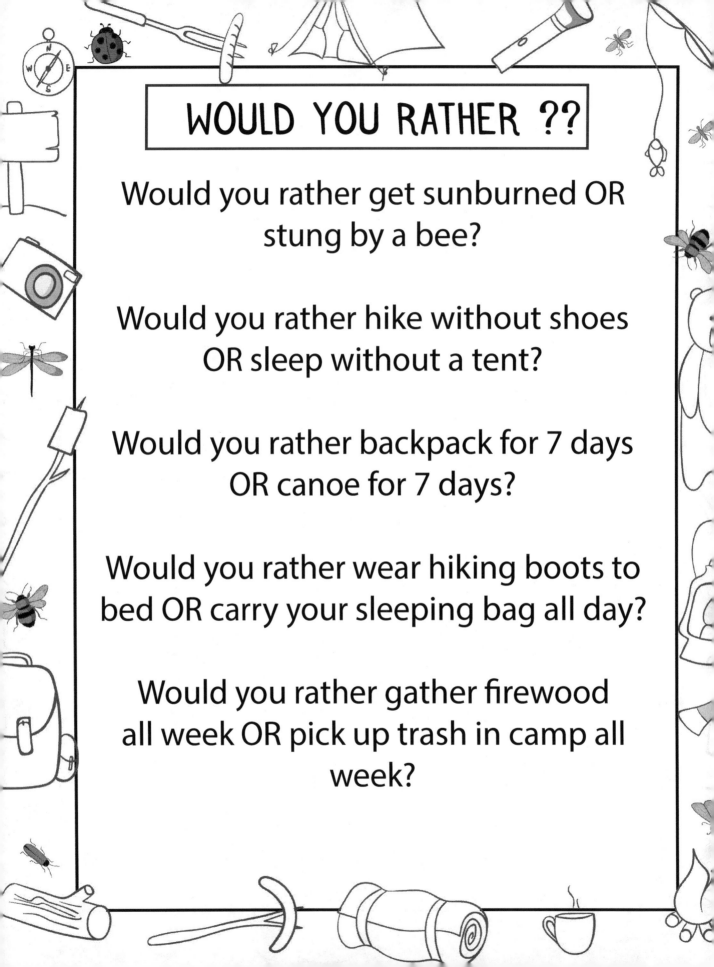

WOULD YOU RATHER ??

Would you rather get sunburned OR stung by a bee?

Would you rather hike without shoes OR sleep without a tent?

Would you rather backpack for 7 days OR canoe for 7 days?

Would you rather wear hiking boots to bed OR carry your sleeping bag all day?

Would you rather gather firewood all week OR pick up trash in camp all week?

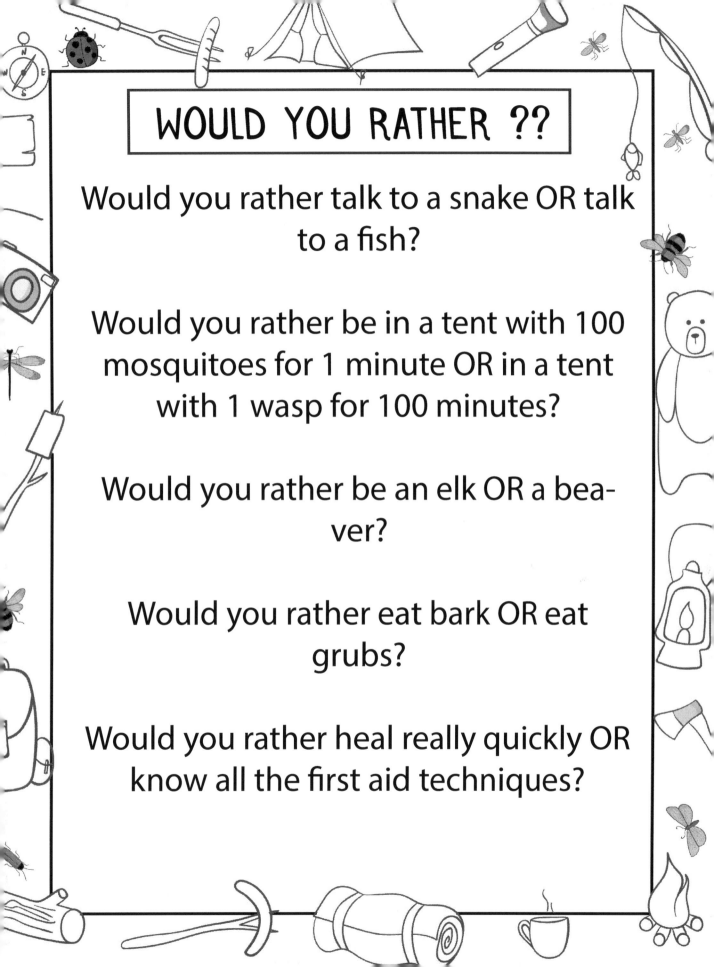

WOULD YOU RATHER ??

Would you rather talk to a snake OR talk to a fish?

Would you rather be in a tent with 100 mosquitoes for 1 minute OR in a tent with 1 wasp for 100 minutes?

Would you rather be an elk OR a beaver?

Would you rather eat bark OR eat grubs?

Would you rather heal really quickly OR know all the first aid techniques?

ABCDEFGHIJKLMN
OPQRSTUVWXYZ

DOTS

PLAY ROCK, PAPER, SCISSORS

Best of 7 rounds wins

ROUND	ROUND WINNER	
1		
2		
3		
4		
5		
6		
7		

WINNER

A B C D E F G H I J K L M N
O P Q R S T U V W X Y Z

DOTS

PLAY ROCK, PAPER, SCISSORS

Best of 7 rounds wins

ROUND	ROUND WINNER	
1		
2		
3		
4		
5		
6		
7		

WINNER

A B C D E F G H I J K L M N
O P Q R S T U V W X Y Z

DOTS

PLAY ROCK, PAPER, SCISSORS

Best of 7 rounds wins

ROUND	ROUND WINNER	
1		
2		
3		
4		
5		
6		
7		

WINNER

A B C D E F G H I J K L M N
O P Q R S T U V W X Y Z

DOTS

PLAY ROCK, PAPER, SCISSORS

Best of 7 rounds wins

ROUND	ROUND WINNER	
1		
2		
3		
4		
5		
6		
7		

WINNER

A B C D E F G H I J K L M N
O P Q R S T U V W X Y Z

DOTS

PLAY ROCK, PAPER, SCISSORS

Best of 7 rounds wins

ROUND	ROUND WINNER	
1		
2		
3		
4		
5		
6		
7		

WINNER

ANSWERS

BIRDS OF THE FOREST

```
W N R B U L L F I N C H R
V N M H C N I F D L O G E
Q U N Q M D B G W G G K
H T L L Y L Y Q Q H G H C
R C Y T X U R K R S N Y A
E K N E U R N U Q I C W R
G A J I A R R N N B R K
R A G P F H E W F O O V T
E K N S T D M L F R W B U
V M Y N E G M D Z G K V N
R T B L U E B I R D M R N
B Z T G E E D A K C I H C
J Y R R E K C E P D O O W
```

FISHING

```
L T J N J W A D E R S Y E M
Q K E K N L W M B H D C L R
P E K N L W M B H D C R N E
L A D H L Y R G T E N L J T
B S R T L I K O I V E T R N
L S R Y B X F T U A H Z H C
K L D J T D A H S T J R T M
J O F P A P D E T N N K N M
R R K T C W L N X N N Z I X
Y L F I K T C M J F B N E L R
L N L A L F F A T K N E L R
W K K B E H G L T O X L K D
Q B R E B B O B W C K B W X
P X P R L Q H S M K H B Z K
C K B M K V P T F K R I D N
H O O K L C M W N T Q N G Z
```

TENT TERMS

```
K M T K N H C T I P T S A P Q M
G B N N T E L U B I T S E V X H
D G C L I P D C Q Z N X V M Y N
K O G Q M R R Z C K R D L O G
F Q O X L T P J A K R U D W B
T V G R F L Y T H I A B T J A Y
G T L N T V Y D O L N A R Q T K
Y Z X V K T B S A O S F P G E X
F K B R R M E P S N F X L Q R K
Y D N G Q A E M E T K K T Y P T
K O C P M X R D L P L R P T R T
X M T T N L N Q O L M E R L O V
R E A H T O W M P Y K P M T O P
Z P R V C R C Y X A C R B K F R
E L Z C R V T V T W L L N L J A
P K C L I P S S M N D L N N L T
```

WATCH OUT FOR

```
K A O N O S I O P F G C D S
T R X S F F L O O D I N G P
F L J O D G M B M B N H I
V Q N T L X N M T X K L N D
N M V I S X S U N B U R N E
O F J U M G T B F R T C B R
I Q P Q R T K N H V M S T S
T L J S O H T S P G P L B M
A Z K O T N W O N S X G V C
R B T M S S I A A R Z R V
D M H W Q S N W L M K J R H
Y N L H O T W R Y D W J S Y
H W R N H Z L N O X L R S X
E X I G F X R F H T I K L
D V I J Y M V Y N Q T W F T
Y L K M R G V P L T W R E
```

FOREST ANIMALS

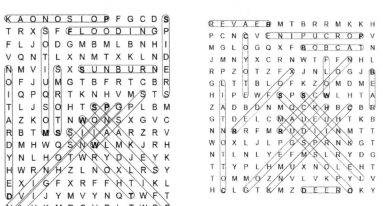

```
R E V A E B M T B R R M K K H
P C N C V E N I P U C R O P V
M G L O G Q X F B O B C A T N
J M N Y X C R N W T F N H L
R P Z O T Z F X J N L O G J D
G L T T B L O F K Z O M D M E
H I P E W F S P S C W L H T A
Z A D B D N M Q C K H B C B W
G T D E L C M A U E H T K B
N N R R F M R U D I N M T T
W O X L J L P G S P R N K G D
T T N L Y E M S L R Y D G
T T Y P L H M U X N O L E H T
T O M M O Z N V L V K P Y K N
H C L G T K M Z D E E R O K Y
```

KNOTS

```
K L Z B Z T R T P Y X N L M X D
T P A M T E M X K C I L L I K N
D X Z R B H A L F H I T C H P E
K R T M K H C T I H E V O L C E
H Y I N J S T M T Z F P T C R T
D T N R K T H T D W M R M G L
K L Y N K M E E I X Z N Q S F
Z S Q U A R E N A L K G T X I H
L F T K Q R C L I D L E F K G S
A I P N L D G T C L V E R S U B
R S X B N N V X Y E W U R K R Y
I H H B Y A Y D D T N O P S E I
A E M M L H B O K N L M B D D S
T R P D L R R G I I Z Z M M I C
L M K M X E B N A H N N M Z G Y
O A N P S V G S D P Q R M L H F
P S X K C L Y H G G L T F N N K
```

INSECTS

```
L T M M L B L B Q H L Q R P Y F
Q T L H S D C R Y K R N N L K N
Q G J Q P N F Y N A J L F D H R
G W L L I R W L D V B N Q Z K D
Q H L L D N M A Y M O A T R J R
D K M F J C Z T G N B T E M E
J I L L R I R H A T R M A O K E
W R H M C X T R Z H K R P T B B
L H B P O N D B Q H W X Y J Y L
X N E H A T H Q N I C N T U K D
K T E L N H P G D T Y F Q Z L
J L T T D N M Z Z J T R L S Y D
X P L X B U T T E R F L Y O N H
L Z E B Q L Y N Y M L G K M T D
X R H B H J J R H C R I C K E T
F X P X T N K M F G U B Y D A L
G Y Q K R G M Q K J M T T D G A
Y R R Q J J T D K P Q M C M T L
```

TREES

```
K W O L L I W E H R Y D Z K H R
F Q W W K M Z N H N R R D N X K
R R H E L J R I N M X R K K K H
Z V T V L I F P Z Z L K T A J N
J T D E F B Y L M Z N D O L T L
K U O R C M Z K M W O C K T T T
J N O G L L W F F G F Z T N X C
X T W R T M V H W J G R M L N
J S N E N R L O C M T E M W B P
R E O E B W O N H W A L L M T B
K H T N M D L Y R C Q P F M E Y
B C T L L K X R M L R C L E N Z
V M O D T P R R H S A I C E G R
N L C Q W A L N U T K H B C R G
Y K P Y C L L L V J D J H N X L
N Y W R F M Z N H I C K O R Y X
```

COOKING GEAR

```
R E D L O H T O P M L P X E W C
W M J W T Q M N A L E N R V W C
X T F I R E S T A R T E R O N B
S T X C L C C A C Y X F D T W P
I G M E E H L T F U B L F P T J
C Z P S S A T R W G T Q K M K Y
K P N R T S E C H K R A Y A T G
H T V W M N K G W T R I P C S D
R Z R C A J U I W P Y X L S B R
G H H P P M M R T Z J J J L R H
R J O Z O Z L E S P O R K C G Q
F R T C T R M L N K T Q N X D C
P M Y M S C H K R A Y A T P G Z
K L M Z D R A O B G N I T T U C
T L D W F R W C X L Z Y B K L L
```

ANSWERS

Hedgehog Maze

Bee Maze

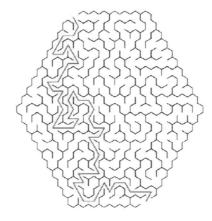

Fox Maze

Hawk Maze

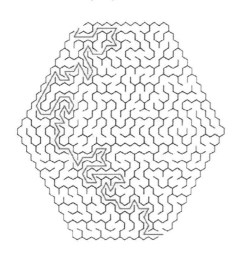

Raccoon Maze

Fire Maze

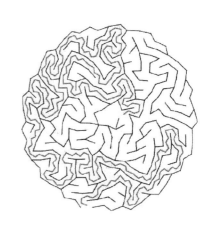

Camp Maze

Moose Maze

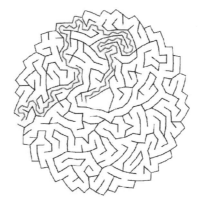

Squirrel Maze

UNSCRAMBLE ANSWERS

CAMPING LIST

TSOOB	=	BOOTS
ILHTGSFHAL	=	FLASHLIGHT
KCBKAPCA	=	BACKPACK
EFTERTRSRAI	=	FIRESTARTER
NETT	=	TENT
IHSIFNG OELP	=	FISHING POLE
GBU TRLEAEPLN	=	BUG REPELLANT
NESUERSNC	=	SUNSCREEN
STMHACE	=	MATCHES
LSNPGIEE GBA	=	SLEEPING BAG
ROLMLAHWSSMA	=	MARSHMALLOWS

CAMP FOOD

THO GSDO	=	HOT DOGS
ESMROS	=	SMORES
FYFIJ OPP	=	JIFFY POP
ILIHC	=	CHILI
MPDU ACKE	=	DUMP CAKE
AKEASPCN	=	PANCAKES
ILOF SPAKC	=	FOIL PACKS
TCUHD EVON	=	DUTCH OVEN
EFBE TESW	=	BEEF STEW
THO OHLEOCACT	=	HOT CHOCOLATE

HIKING

GKIHNI EPSOL	=	HIKING POLES
NTLEOVEAI	=	ELEVATION
TWARE OETLTB	=	WATER BOTTLE
LTRAI	=	TRAIL
BICGMINL	=	CLIMBING
NRUACCYOBTK	=	BACKCOUNTRY
ALEBZ	=	BLAZE
SAKRREM	=	MARKERS
SWACBUHK	=	BUSHWACK
HLRTESE	=	SHELTER

INSECTS

FEYTRULBT	=	BUTTERFLY
LEETEB	=	BEETLE
PRDISE	=	SPIDER
LUSG	=	SLUG
OSOUMQTI	=	MOSQUITO
GIEAWR	=	EARWIG
ICTECRK	=	CRICKET
OUHYELFS	=	HOUSEFLY
RPEGPHAROSS	=	GRASSHOPPER
FRNGLOYAD	=	DRAGONFLY

UNSCRAMBLE ANSWERS

TYPES OF CAMPING

MPNGLAIG	=	GLAMPING
CLCEYIB	=	BICYCLE
TAIVSUISRVL	=	SURVIVALIST
NTREIW	=	WINTER
NGDRNEOALIV	=	OVERLANDING
NOECA	=	CANOE
TGTLALRHIU	=	ULTRALIGHT
EADETNVRU	=	ADVENTURE
KBPGCACKNAI	=	BACKPACKING
ETNT	=	TENT

STUFF IN TENTS

LPNGESEI GBA	=	SLEEPING BAG
IHTALHFGLS	=	FLASHLIGHT
LOLWIP	=	PILLOW
ITOLET EPPAR	=	TOILET PAPER
NSKCAS	=	SNACKS
AIPLGYN SACDR	=	PLAYING CARDS
CABKCPAK	=	BACKPACK
HOUSRTBHOT	=	TOOTHBRUSH
CSSKO	=	SOCKS
RNTNLEA	=	LANTERN

FALLEN QUOTE ANSWERS

BEAR JOKES

What color socks do brown bears wear?
 None. They have bear feet!
What do you call a bear without any teeth?
A gummy bear!

INSECT JOKES

Why are frogs always happy?
Because they eat what bugs them.
What frightens caterpillars more than anything else?
 dogerpillars!

MAD MAP SKILL ANSWERS

1. TENT
2. CANOE ON THE RIVER
3. BACK ON THE X
4. FIRE

TRACK ANSWERS

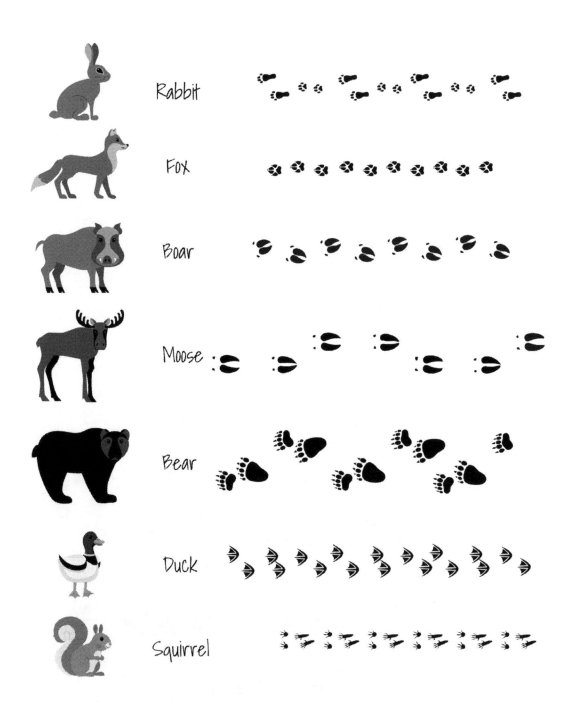

Rabbit

Fox

Boar

Moose

Bear

Duck

Squirrel

HIDDEN ANIMALS

Hike/Trail Name: _____

Date: _____   Location: _____

Companions: _____

Weather	Difficulty/Trail Description

Weather

Temperature: _____

☀ ⛅ ☁ 🌧

_____
_____

Difficulty/Trail Description

🚶   🥾   🧗

1   2   3   4   5

Distance: _____

_____

Best three things about the hike:

1. _____

2. _____

3. _____

Description of things I saw or did: _____

_____

_____

_____

_____

_____

_____

_____

Hike Overall Rating

☆ ☆ ☆ ☆ ☆

Hike/Trail Name: _____

Date: _____ Location: _____

Companions: _____

Weather	Difficulty/Trail Description

Temperature: _____

_____

_____

Distance: _____

_____

Best three things about the hike:

1. _____

2. _____

3. _____

Description of things I saw or did: _____

_____

_____

_____

_____

_____

_____

_____

_____

Hike Overall Rating

☆ ☆ ☆ ☆ ☆

Hike/Trail Name: _____

Date: _____ Location: _____

Companions: _____

Weather

Temperature: _____

☀ ⛅ ☁ 🌧

_____

_____

Difficulty/Trail Description

🚶 1   🚶 2   🥾 3   4   🧗 5

Distance: _____

_____

Best three things about the hike:

1. _____

2. _____

3. _____

Description of things I saw or did: _____

_____

_____

_____

_____

_____

_____

_____

Hike Overall Rating

☆ ☆ ☆ ☆ ☆

Hike/Trail Name: _____

Date: _____ Location: _____

Companions: _____

<table>
<tr><td>

Weather

Temperature: _____

☀ ⛅ ☁ 🌧

_____

_____

</td><td>

Difficulty/Trail Description

🚶   🥾   🧗

1   2   3   4   5

Distance: _____

_____

</td></tr>
</table>

Best three things about the hike:

1. _____

2. _____

3. _____

Description of things I saw or did: _____

_____

_____

_____

_____

_____

_____

_____

_____

Hike Overall Rating
☆ ☆ ☆ ☆ ☆

Hike/Trail Name: _____

Date: _____ Location: _____

Companions: _____

Weather	Difficulty/Trail Description

Weather

Temperature: _____

☀ ⛅ ☁ 🌧

_____

_____

Difficulty/Trail Description

🚶 1   2   🥾 3   4   🧗 5

Distance: _____

_____

Best three things about the hike:

1. _____

2. _____

3. _____

Description of things I saw or did: _____

_____

_____

_____

_____

_____

_____

_____

_____

_____

Hike Overall Rating

☆ ☆ ☆ ☆ ☆

Made in the USA
Las Vegas, NV
03 January 2024

83870869R00059